HEILIGE

NAMENSPATRONE IN BILD UND LEGENDE

HANDKOLORIERTE LINOLSCHNITTE VON MARLENE REIDEL

TEXT VON GREGOR LECHNER OSB

UEBERREUTER

CIP-Kurztitelaufnahme der Deutschen Bibliothek

Reidel, Marlene:
Heilige: Namenspatrone in Bild u. Legende/
Marlene Reidel. Text von Gregor M. Lechner. – Wien:
Ueberreuter, 1985.
ISBN 3-8000-3211-2
NE: Lechner, Gregor Martin (Mitarb.)

J 1547/1

Kolorierte Linolschnitte von Marlene Reidel
Text von Gregor M. Lechner OSB
Umschlag von Brigitte Schwaiger

Printed in Austria

VORWORT

Die Bildauswahl aus den handkolorierten Linolschnitten von Marlene Reidel ergibt eine zwanglos gereihte Folge kirchlicher Heiliger. In erster Linie kamen Heilige in Betracht, die gegenwärtig im süddeutsch/österreichischen Raum bei der Namensgebung bevorzugt werden und deren angeführter Reichtum an Patronaten ihre Beliebtheit widerspiegeln. Zum anderen sollte ein selektiv gefächerter Querschnitt vorgestellt werden, vom Bauern bis zum Landesfürsten. Auch bestand die Absicht, allen Heiligengattungen exemplarisch gerecht zu werden: dem Märtyrer und Apostel, dem Bekenner und Asketen bis hin zur Jungfrau und Witwe. Der Bogen wurde weiters vom Beginn des Christentums mit seinen Heiligen aus der Tradition bis zu denen der offiziellen kirchlichen Heiligsprechung ab dem 10. Jahrhundert gespannt.
Im Frühchristentum standen zunächst Märtyrer im Mittelpunkt, weil sie mit ihrem Blut Zeugen für Christus waren. Für den Osten lieferte Bischof Polykarp von Smyrna 165 die älteste nachweisbare Bezeugung einer Märtyrerverehrung, im Westen folgte Papst Calixtus im Jahre 222. Der Kult bestand darin, daß sich die örtliche Kirche am Todestag des Blutzeugen am Grab zum Gebet und Totenmahl traf. Waren diese Versammlungen bis zum konstantinischen Edikt 313 eher auf wenige Teilnehmer beschränkt, so erhielten danach die Märtyrergräber ungeahnten Zulauf, und man hob sie durch päpstliche Weiheinschriften oder baulich hervor. Das Gebet zu den Märtyrern war immer Anrufung um Fürbitte, damit Gott Erhörung und Hilfe schenken möge, wie dies heute noch Graffiti bis ins Jahr 260 zurück belegen. Nie wurden Heilige selbst angebetet, sie haben lediglich Mittlerfunktion.
Als zur Zeit Kaiser Julians (355–363) Apostata die letzten Märtyrer der Römerzeit starben, mußte man an eine Erweiterung des Märtyrerbegriffes denken. Danach wurden auch jene in die Märtyrerlisten aufgenommen, deren Leben nicht unmittelbar durch Torturen ein Ende fand, sondern die für Christus Qualen ohne tödlichen Ausgang erlitten. Als nächste folgten die Bekenner und Asketen, deren Einreihung in die Heiligenlisten dadurch möglich wurde, daß eine Abschwächung im Begriff des Martyriums erfolgt war. Stellvertretend für die Blutzeugenschaft wurde nunmehr auch die asketische Lebensweise der Wüstenväter anerkannt. Antonius von Ägypten, Hilarion von Palästina oder Basilius von Kappadozien sind Beispiele dafür. Diese neue Art der Heiligkeit übertrug man auch auf das Leben jener Jungfrauen, die einen wahrhaft »olympischen Kampf um die Keuschheit« (Methodius von Olymp, Ende 3. Jh.) führten und die Ehre der Jungfräulichkeit als obersten Wert erachteten. Auch Witwenschaft im Dienst der Kirche und Form christlicher Askese wurde Martyrium gleichgestellt. Die einzelnen Gattungsschübe reihen sich folgend: Apostel, Märtyrer, Bekenner, Asketen, Jungfrauen und Witwen.

Überführungen der Heiligenleiber und Reliquienverehrung hatten wesentlichen Anteil an der Verbreitung des Heiligenkultes. Dies ging zuerst vom Osten aus und wurde von Rom sehr zögernd übernommen. Die westliche Kirche bevorzugte zuerst die Sitte, die Gräber der Heiligen mit ausgewählten Gegenständen zu berühren, um diese dann als »brandea« heimzubringen. So vervielfältigten sich die Stätten der Verehrung.

Für den offiziellen Heiligenkult waren drei juridisch wichtige Konditionen erforderlich: das Wissen um den Namen des Heiligen, die Kenntnis seines Grabes sowie seines Gedächtnistages. Für den Namen bürgte die Homilie oder Lobrede eines Kirchenvaters, am Gedächtnistag im liturgischen Rahmen coram publico gehalten, z. B. von den heiligen Bischöfen Augustinus in Hippo, Chrysostomus in Konstantinopel oder auch Gregor dem Großen in Rom, letzterer in seinen »Dialogen«. Solch offizielle Dokumente bestätigen die Kulttradition und liefern oftmals genaue Details aus Leben und Martyrium der Gefeierten, fanden bald Eingang in den erbaulichen Teil des Römischen Breviers und wurden so nachhaltig auch über die Legenda Aurea des Bischofs Jacobus de Voragine OP. aus dem ausgehenden 13. Jahrhundert im oder durch den Klerus tradiert.

Die Lesungen des Stundengebets sind die liturgische Heimat der Heiligenlegenden. Oberflächlich und nur aus heutiger Sicht betrachtet, befrachten sie Brevier und Martyrologien, was mehrmals zu Textrevisionen – besonders unter Papst Benedikt XIV. (1740–1758) – geführt hat. Genannte Lesungen sind jedoch der legitime Nährboden für bildliche Darstellungen von Heiligenviten und -zyklen, oftmals ist das Bild ohne Kenntnis legendärer Details überhaupt unlesbar geworden. Historische Irrtümer und unwahrscheinliche Inventionen in Legenden beeinträchtigen keineswegs die Autorität der Kirche, sind vielmehr sprechende Zeugen für eine besondere Präsenz und Verehrung der Heiligen bei den Gläubigen. Je mehr sich noch Patronate bei einem Heiligen ballen, desto gegenwärtiger und lebendiger ist sein Kult über Jahrhunderte hinweg. So wird die Lesung der Legende oder der Märtyrer-Passion im liturgischen Kontext zur Rezeption eines Geschichtsabschnittes über Heiligenkult und Volksfrömmigkeit.

INHALT

SEBASTIAN

Festtag: 20. I.

Als Pestpatron ist St. Sebastian zusammen mit dem hl. Rochus über das Mittelalter hinaus zum Volksheiligen geworden. Der »Erhabene« oder »Verehrungswürdige«, wie sein aus dem Griechischen kommender Name besagt, wird erstmals 354 in Rom als Märtyrer unter Kaiser Diokletian (284–305) mit seinem Grab an der Via Appia bezeugt. Legende und Wirklichkeit sind nur mehr schwer zu trennen. Sein Geburtsort muß Narbonne/Südfrankreich gewesen sein, aufgewachsen ist er in Mailand, der Heimat seiner Mutter. In für damalige Zeit erstaunlich kurzem Anlauf avancierte Sebastian zum Befehlshaber der prätorianischen Leibwache des römischen Kaisers. Sein christlicher Glaube brachte ihn in der diokletianischen Christenverfolgung mit den kaiserlichen Gesetzen in Konflikt, seine Verurteilung lautete auf Tötung durch Pfeilschützen. Nackt an einen Baum gebunden, überstand Sebastians kräftige und jugendliche Natur dieses Martyrium; fromme Frauen pflegten ihn gesund.

Sebastians Errettung und Pflege hat besonders die niederländischen Maler zu berühmten Hell-Dunkel-Darstellungen in Nachtszenen angeregt. Den Tod des Heiligen verursachte schließlich eine brutale Niederknüppelung. In der Cloaca maxima Roms wurde sein Leichnam von der Christin Lucina gefunden. 367 ließ Papst Damasus I. (366–384) am Auffindungsort die dreischiffige Gedächtnisbasilika San Sebastiano errichten. Die besondere Verehrung Sebastians im süddeutschen Raum beruht auf der Sebastian-Reliquie im oberbayerischen Ebersberg, die 931 der Augustinerpropst Hunfried als Geschenk des Papstes Stephan VIII. (929–931) aus Rom überbracht hatte. Der Heilige wird meist als nackter, an den Baum gefesselter Jüngling dargestellt, am ganzen Körper von Pfeilen durchbohrt, doch zeigen ihn spätmittelalterliche Bildhauer unter Einfluß der Silberbüste des Ebersberger Schädelreliquiars nicht selten auch als strammen Fürstensohn mit Adelshut.

Patron: für Armbrustschützen, Büchsenmacher, Bürstenbinder und -händler, Eisenhändler, Gärtner, Gerber, Kornhändler, Leichenträgerbruderschaften, Nadler und Nestler, Pfeilschnitzer und Raketenmacher, Schützen und Soldaten, Steinmetzen, Sterbende, Töpfer, Tuchmacher, Zinngießer.

Angerufen: gegen Epilepsie, Kampf, Ketzerei, Pest, Religionsfeinde, Seuchen bei Mensch und Vieh.

ST. SEBASTIAN

AGNES

Festtage: 21., 28. I. (5. VII.)

Schon zwölfjährig zur Märtyrerin geworden, zählt sie zu jenen bedeutenden frühchristlichen Heiligen, die als Kanonheilige namentlich in das Hochgebet der hl. Messe aufgenommen wurden. Kurz vor Abschluß der Diokletiansverfolgung erlitt sie im Jahre 304 den Martertod durch das Schwert. Ihr Attribut, das Lamm, leitet sich von ihrem Namen her, ist aber gleichzeitig auch Hinweis auf ihren himmlischen Bräutigam, das Lamm Gottes. Noch eine zusätzliche Bewandtnis hat es mit diesem Attribut: nach uraltem Brauch segnet am Agnesfest in Sant' Agnese zu Rom der Papst die beiden Agneslämmer, aus deren Wolle die Pallien für die Erzbischöfe gewebt werden, jene breiten, weißen Wollbänder mit den schwarzen griechischen Kreuzen, die – am Petrusgrab deponiert – den Erzbischöfen der römischen Kirche vom Papst als Würdezeichen verliehen und beim Pontifikalgottesdienst sichtbar über dem Meßkleid getragen werden.

Der hl. Ambrosius (339–397) hat als Bischof von Mailand die ersten Aufzeichnungen über das Leben der hl. Agnes verfaßt; ihm folgten Papst Damasus I. (366–384) mit seinem Grabvers und die ausweitende Erzählung des frühchristlichen Dichters Prudentius (348–405). Weil die Jungfrau den Sohn des römischen Stadtpräfekten abgewiesen hatte und dessen leidenschaftliche Liebe deshalb in Haß umgeschlagen war, verklagte der gekränkte Freier das Christenmädchen bei den Richtern. Trotz Klugheit und staunenswerter Glaubensverteidigung konnte Agnes nicht gerettet werden. Als römische Bürgerin wurde sie ans Richtschwert geliefert. Ihr junges, unschuldiges Leben galt ihrem himmlischen Freier und Bräutigam Christus.

Patronin: für Gärtner, Jungfrauen, Verlobte und Trinitarier.
Angerufen: zur Bewahrung der Keuschheit.

St. AGNES

VERONIKA

Festtag: 27. II. (27. III., 4. II.)

Ihr Name hat in das Römische Martyrologium keinen Eingang gefunden, ganz im Gegensatz zu ihrer übergroßen Bedeutung mit der Heilandsreliquie des Schweißtuches und dem darauf eingedrückten Antlitz Jesu während seines Weges auf Golgatha hinauf. Die Hl. Schrift (Lk 23, 27–28) redet dabei nie von einer Frau namens Veronika, sondern von klagenden Frauen, die Christus tröstet. Ihre namentliche Erwähnung erfolgt erst in der Kreuzwegandacht bei der 6. Station, wenn der Herr Veronika zum Dank für ihren Liebesdienst das Schweißtuch mit dem Abdruck seines Antlitzes zurückgibt, eine Szene, die in mittelalterlichen Passionsspielen nie fehlen durfte. Veronika wurde zum einen mit jener blutflüssigen Frau und Matrone aus Jerusalem identifiziert (Mt 9, 20), die der Herr von ihrer Krankheit geheilt hatte, zum anderen auch mit Martha von Bethanien, der Schwester des Lazarus. Ihre Legende ist das westliche Gegenstück zur ostkirchlichen Abgar-Legende, wo König Abgar von Edessa nach Jesus schickt, um von seiner Krankheit geheilt zu werden. Ihm zur Genesung sendet der Herr ein Porträt seines Antlitzes. Im Westen ist es der schwerkranke Kaiser Tiberius (14–37), der nach Jesus ruft, damit er ihn gesund mache. Als er von dessen gewaltsamem Tod erfährt, bestraft er Pilatus und läßt die vom Blutfluß geheilte Frau nach Rom kommen, die durch das Vorweisen des Antlitzes Christi auf ihrem Tuch dem Kaiser Heilung verschaffen kann. Diese tradierte Veronika bleibt daraufhin in Rom und schenkt Papst Clemens ihr Schweißtuch. Seitdem wird es in S. Silvestro in Capite verehrt. Es soll auch weitere Schweißtücher in Genua und in der Ste-Chapelle zu Paris geben, die jedoch byzantinischer Herkunft sind. Der gemeinsame Hintergrund der Veronika-Legende ist sicherlich das wahre Abbild Christi, die Vera Ikon, jenes Urbild, das – wie manche sagen – Pilatus habe malen lassen. Sämtliche Christusbilder lassen sich auf diesen einen Urtypus zurückführen. Das wahre Abbild Christi im Oratorium S. Maria ad Praesepem zu Rom vom 8. Jahrhundert ist weit verbreitet zum kultischen Andachtsbild geworden. Moderne Röntgenfotografien brachten zutage, daß die Christus-Ikonen in allen Einzelheiten mit dem Abdruck des Antlitzes auf dem Turiner Leichentuch übereinstimmen.

Patronin: für Leinwandhändler und Wäscherinnen.

ST
VERONIKA

APOLLONIA

Festtag: 9. II.

Heiligenattribute und Patronate lassen sich zumeist von den zugehörigen Marterberichten herleiten, sie sind Erkennungszeichen zur Identifizierung der jeweiligen Heiligengestalt. An Apollonia läßt sich dies exemplarisch darlegen. Der Scheiterhaufen mit den hochschlagenden Flammen ist allerdings nicht nur Apollonias Märtyrerattribut. Sie teilt es u. a. mit der römischen Märtyrerin Anastasia, mit Afra von Augsburg oder mit Agatha von Catania. Sie alle starben den Flammentod, nur ist bei Apollonia anzumerken, daß sie sich der Legende nach am Ende ihrer Marterpeinigungen selber in das Feuer stürzte. Die Palme kennzeichnet sie allgemein als christliche Blutzeugin. Der Zahn in der Zange verweist darauf, daß ihr bei der Tortur die Zähne ausgeschlagen oder ausgerissen wurden, was ihr das Patronat über die Zahnärzte verschaffte. Ihre Darstellung an Häuserfassaden ist gleichbedeutend mit dem Firmenschild eines Zahnarztes. Die Legende nennt Apollonia »eine betagte christliche Jungfrau«, welche 249 in Alexandria das Martyrium erlitt. Ihre Marterschilderung ist dem Bericht eines Bischofs Dionysius an Bischof Fabian von Antiochien entnommen. Ob Apollonia von Alexandrien mit jener Apollonia identisch ist, die den Leichnam der Märtyrerin Anastasia bestattete und ihr zu Ehren eine Kirche errichtete, ist nicht sicher zu sagen. Nach einem Lübecker Passionale des 15. Jahrhunderts könnte dies als wahrscheinlich gelten. Danach war Apollonia eine vornehme Kaisertochter. Sie lebte in einem Turm, von zwölf Jungfrauen bedient. Sie besaß Geräte aus purem Gold, die sie nach ihrer Taufe an Bedürftige verschenkte. Das löste den Zorn ihres Lieblingsbruders aus, von dem diese Kostbarkeiten stammten. Als sie zudem noch eine Heirat ausschlug, führte sie der haßerfüllte Bruder grausamsten Torturen zu, die mit ihrer Enthauptung in Persien endeten. Berichte mit Anhäufungen von Martern finden sich fast gleichlautend für mehrere frühchristliche Märtyrerinnen, deren Legenden von stereotypen Schemata geprägt sind. Man wollte offenbar mit jeder zugedichteten Qual das Ansehen der einzelnen Heiligen vermehren und ihre durch Leiden erlangte Fürbittkraft verstärken.

Patronin: für Zahnärzte.
Angerufen: gegen Kopfweh und Zahnschmerzen.

ST APOLONIA

JOSEPH

Festtag: 19. III.

Nach jüdischem Gesetz hätte der hl. Joseph seine Verlobte Maria wegen ihrer Schwangerschaft der Steinigung ausliefern können, mit der Ehebruch bestraft wurde. Daß Joseph in dieser mißlichen Situation eine Anzeige unterließ, nötigte schon dem Evangelisten Matthäus (1, 19) Respekt ab, so daß er Joseph mit dem Beinamen »gerecht« bedachte. Die Schriften des Neuen Testaments überliefern erstaunlich wenig von Joseph, vermutlich waren von allem Anfang keine Einzelheiten über ihn bekannt. Wir kennen seine davidische Abstammung, den Beruf eines Zimmermannes, den Aufenthaltsort Nazareth und seine Obsorge für die Familie. Alles andere ist fromme Legende, die aus dem apokryphen Jakobus-Evangelium des ausgehenden 2. Jahrhunderts und aus einer »Geschichte Josephs, des Zimmermanns« an der Wende zum 7. Jahrhundert gespeist wird. Die Künstler haben dem Heiligen ab dem Mittelalter das Aussehen eines alten Mannes gegeben oder setzten ihn bei der Geburt Christi in Bethlehem in den letzten Winkel des Stalles. Die Gründe dafür liegen auf der Hand. Zum einen kann ein alter Mann dem Mädchen Maria nicht mehr gefährlich werden, zum anderen soll auch sein Witwenstand vor der Verlobung mit Maria Berücksichtigung finden, denn seiner ersten Ehe müssen ja jene legendären Kinder entstammen, die das Paar nach Bethlehem geleiten und später bei Markus 3, 31 als die »Brüder Jesu« bezeichnet werden und die hl. Sippe vervollständigen. Jesus aber bleibt somit laut Lukas 2, 7 der »Erstgeborene« als einziges Kind Marias. Um so überraschender fällt das Ergebnis einer Rechnung mit biblischen Daten aus, wonach Joseph zur Zeit des Zweifels an der Treue seiner Braut das ungefähre Alter von 18 Jahren gehabt haben müßte, Maria dagegen erst jenes von 13.

Der Josephi-Kult beginnt im Abendland im 12. Jahrhundert, und das Josephifest steht erst ab 1621 im liturgischen Kalender. Seit 1870 ist Joseph durch Papst Pius IX. Patron der Kirche, und 1955 stellte ihn Papst Pius XII. der Christenheit zum Tag der Arbeit, dem 1. Mai, unter der Bezeichnung »Joseph der Arbeiter« als sprechendes Beispiel vor Augen.

Patron: für Eheleute, Familie, Feilenhauer, Gerber, Geschmeidemacher, Glöckner, Handwerker, Holzhauer, Ingenieure, Jugend, Jungfrauen, Kinder, Kirche, Pioniere, Radmacher, Reisende, Schreiner, Sterbende, Tischler, Totengräber, Tuchscherer, Verbannte, Wagner, Waisen, Zimmerleute.
Angerufen: gegen Augenleiden, in verzweifelten Situationen, Versuchungen und Wohnungsnöten.

ST JOSEF

GEORG

Festtage: 23., 24. IV.; 18. IV.

Im Abendland ist Georg ein Heiliger des Mittelalters, im Orient einer des Altertums. Vor dem 12. Jahrhundert wurden ihm zwar schon Kirchen geweiht, doch kam ihm, dem Schirmherrn der Ritter und Patron der Kreuzfahrer und Deutschordensritter erst später breiteste Verehrung zu. Das christliche Ideal des Ritterstandes leitete sich hauptsächlich von Georgs Kampf und Einsatz gegen den Unglauben ab. Die Synode von Oxford 1222 erhob ihn zum englischen Nationalheiligen, und in den Georgspfadfindern lebt sein Vorbild bis in die Gegenwart. Diese Volksnähe des Heiligen steht in krassem Gegensatz zum historischen Ritter Georg, dessen Vita – gänzlich von einem Legendengewirr zugedeckt – gerade durch ihren mythologischen Reichtum fortlebt, hinter dem sich die antike Perseus- und Andromedasage verbirgt. Andromeda wird durch die Prinzessin Margaretha ersetzt. Sie wird von Georg vor dem Drachen errettet, der die Stadt Silena mit seinem Gifthauch bedroht, worauf viele durch die Taufe Georgs Christusbekenntnis folgen. Als römischer Offizier kommt er schließlich unter Kaiser Diokletian bei dessen Erlaß zur Christenverfolgung beruflich in Konflikt, und der Perserkönig Dadianos erdenkt immer neue und schlimmere Todespeinigungen, um an Georg eine exemplarische Abschreckung zu statuieren. Die Martern reichen vom Zerfleischen der Gliedmaßen und Brennen mit Fackeln über Vergiften und Rädern, Sieden in heißem Öl oder Blei bis zum Schleifen mit nachfolgender Enthauptung. Schon im 4. Jahrhundert wird Georgs Märtyrerkult in Palästina zwischen Jerusalem und Joppe in Lydda-Diospolis bezeugt. Bischof Ambrosius' Rede verweist im Zusammenhang mit dem Gerichtsverhör auf Kappadokien als Herkunftsland Georgs, wahrscheinlicher ist jedoch als Geburtsland das Gebiet der Donaumündung am Schwarzen Meer, wo Georg um 280 geboren worden sein dürfte. Die orthodoxe Kirche gibt ihm mit Recht den Namen eines Großmartyrers, im Abendland ist er hervorragender Heiliger bei den Vierzehn Nothelfern, wobei Georg im Mittelalter als einflußreicher Fürbitter gilt.

Patron: für Armbrustschützen, Bauern, Bogenschützen, Borstenwirker, Böttcher, Büchsenmacher und -schützen, für die Kavallerie, den Deutschen Orden, für Gefangene, Glaubende, Haustiere, Heere, Krieger, Pferde, Reiter und Ritter, Sattler, Schmuckfedernhändler, Schwertschleifer, Soldaten, Spitäler, Vieh, Waffenschmiede.
Angerufen: gegen Beschimpfungen, Fall, Fieber, Kämpfe jeglicher Art, Kriegsgefahr und -unglück, Regen, Religionsfeinde, gegen den Satan und Unwetter.

ST·GEORG

FLORIAN

Festtag: 4. V.

Im Gegensatz zu seinem wesentlich jüngeren Märtyrerkollegen Johannes Nepomuk hat St. Florian trotz gleicher Marter nie das Brückenpatronat erhalten. Florian ist vielmehr Patron in jeglicher Wassergefahr, besonders geschätzt aber bei der Feuerwehr. Sein Leben und Wirken fällt in die Zeit des frühen Christentums nördlich der Alpen, eine Epoche, die nur noch Severins Vita nach Eugippius erhellen hilft. Sonst haben wir bloß spärliche Nachrichten über das Christentum in der römischen Provinz Ufernoricum (von Passau bis Enns) zu Beginn des 4. Jahrhunderts. Florian ist Vorstand der Kanzlei des römischen Statthalters, dem die Zivilverwaltung der Provinz obliegt. In den römischen Garnisonen und Verwaltungskanzleien findet das Christentum zunehmend Anhängerschaft, was auch archäologische Funde dieser Zeit belegen. Florian leistet verhafteten Christen in Lauriacum (Lorch) an der Enns Hilfe und wird in diesem Zusammenhang von Aquilinius, dem zuständigen Statthalter, verhaftet. Wie viele andere fällt auch diese Verhaftung in die letzten Regierungsjahre Kaiser Diokletians. Am 4. Mai 304 wird Florian, beschwert mit einem massigen Felsbrocken oder Mühlstein, in die Fluten der Enns gestürzt. Die Wellen schwemmen den Leichnam dennoch ans Ufer, wo ihn ein Adler bis zur Bergung durch Valeria bewacht. Über dem Märtyrergrab entsteht auf ein Gotteszeichen hin das Kloster St. Florian, dessen Anfänge im dunkeln liegen; glaubwürdige Nachrichten reichen aber durchaus bis ins ausgehende 8. Jahrhundert zurück, wenn nicht bis zur Awaren- und Völkerwanderungszeit. Über dem Langhaus der Kirche erzählen Johann Anton Gumpp und Melchior Steindl kurz vor 1700 in farbigen, von fülligen Stuckmedaillons eingeschlossenen Fresken die Vita des Lokalheiligen, der weit über den engeren Heimatraum hinaus Bedeutung und Kult erlangte und zu dessen Ruhm und Ehre bis heute die Bruckner-Orgel in St. Florian spielt.

Patron: für Bierbrauer, Böttcher, Kaminkehrer, Seifensieder.
Angerufen: gegen Feuersbrunst, Kämpfe, Sturm, Unfruchtbarkeit der Felder und Wassergefahr.

ST·FLORIAN

ISIDOR

Festtage: 10. V., 15. V. (Spanien)

Er ist nicht zu verwechseln mit seinem Namensvetter Bischof Isidor von Sevilla, dem berühmten spanischen Kirchenlehrer des 6. Jahrhunderts. Isidor mit dem Beinamen Agricola war seinem Beruf nach Bauer aus Madrid und lebte um die Wende zum 12. Jahrhundert. In der kirchlichen Kanonisierungsgepflogenheit ist es schon selten genug, daß ein einfacher Bauer zur Ehre der Altäre erhoben wird, in diesem Fall geschah es sogar mit seiner Frau Maria Toribia. Ansonsten wurden immer Jünger Jesu, Märtyrer, Jungfrauen, gelehrte Kirchenmänner und Adelige bevorzugt. Mit Isidor erhielt der Bauernstand seinen festen Patron, zu ihm gesellte sich später noch im süddeutschen Raum die hl. Notburga aus Rattenberg vom 13. Jahrhundert. Isidor und Notburga sind Vertreter jener Heiligen, die in hartem körperlichem Einsatz ihre Berufspflichten mit außerordentlicher Hingabe erfüllten und aus dieser Treue zur Arbeit heraus heilig wurden. Dem Bauern Isidor, der Magd Notburga oder später dem Klosterpförtner zu Altötting, dem Bruder Konrad von Parzham, ist Arbeit zum Gebet geworden, so untrennbar, daß Pflügen und Säen, Pflegen und Ernten ein einziger Gottesdienst waren. Wie sehr gerade bei solchen Volksheiligen die Legendenberichte Wurzeln schlagen, belegen für Isidor die himmlischen Hilfskräfte, die in Gestalt von Engeln hinter dem Pflug hergehen oder bei der Aussaat helfen, während der Sämann gleichzeitig Rosenkranz betet. Auch soll Isidor einmal von seinem Dienstherrn, dem Edelmann Johannes de Vargas, bei der Feldarbeit im Gebet überrascht worden sein; damit seine Saumseligkeit keine Schelte erfahre, seien darauf zwei Gespanne schneeweißer Rinder mit Engeln erschienen, um das Feld zu bestellen. Ähnlich ist es auch Notburga ergangen, deren Sichel während ihres Gebetes in den Lüften schweben blieb, zum Zeichen göttlicher Würdigung und Bestätigung ihrer Frömmigkeit. So wie bei Isidor die Vorwürfe des Dienstherrn angesichts der Wunder verstummten, erlebte auch Notburga die Sinnesänderung ihres zuerst hartherzigen Arbeitgebers. Isidors Heiligsprechung erfolgte 1622 unter Papst Benedikt XIII., zusammen mit zwei weiteren spanischen Heiligen: Ignatius von Loyola und Franz Xaver aus dem Jesuitenorden.

Patron: für Bauern, Geometer, Schirmherr der Städte Madrid, Léon und Saragossa.
Angerufen: gegen Dürre und Regen.

ST·ISIDOR

ANTONIUS

Festtag: 13. VI.

Das Leben und Wirken des »Il Santo«, wie der Franziskanermönch Antonius von Padua in Italien allgemein genannt wird, ist ganz von Begegnungen geprägt. So wird ein geradezu nebensächliches Ereignis zum beliebtesten Darstellungsthema: der Heilige mit dem Jesusknaben auf dem Arm, wie man dies sonst nur vom hl. Joseph kennt. Es wird erzählt, Antonius sei auf einer Rast beim Schloß Camposampiero vor Padua in einer Vision dem Jesusknaben begegnet und hätte ihn auf seinen Armen tragen dürfen. Die Geschichte der Begegnungen beginnt aber schon früher, nämlich in seinem Geburtsort Lissabon, als der ca. 20jährige Fernandez – auf diesen Namen wurde Antonius getauft – seine aristokratische Familie Bulhões-Taveira verließ und den Augustinerchorherren beitrat. Im Kloster zu Coimbra begegneten ihm 1220 zufällig fünf Franziskaner, die das neue Armutsideal des hl. Franz von Assisi lebten und zur Missionierung der Mohammedaner nach Marokko weiterreisten. Ihr Märtyrertod veranlaßte Fernandez zum Übertritt in das Franziskanerkloster Olivaes bei Coimbra, doch mußte er seine Missionstätigkeit in Nordafrika wegen schwerer Erkrankung abbrechen. Zu Pfingsten 1221 traf Antonius auf dem Generalkapitel Franz von Assisi, der den begnadeten Prediger zum Lektor der Theologie für die Franziskaner bestimmte. Seine Predigttätigkeit gegen die Albigenser-Sekte in Südfrankreich – besonders in Toulouse, Le Puy, Bourges und Limoges sowie in Oberitalien – stellte der Zeit entsprechend die Kreuzestheologie kämpferisch in den Mittelpunkt. 1228 wurde er Superior in Santa Maria Mater Domini zu Padua, wo er besonders als Friedensstifter hervortrat. Padua wurde zum Zentrum des Antoniuskultes und der Antoniuswallfahrt an seine Grabkapelle, auch wenn er am 13. Juni 1231 in Acella vor Padua verstarb. Seine letzten Worte sind wieder Zeugnis einer prägenden Gottesbegegnung: »Ich sehe meinen Herrn Jesus Christus.« Die Begegnungen müssen aus Antonius so stark gesprochen haben, daß nicht nur Menschen, sondern auch die ganze Schöpfung in Parallele zu Franz von Assisi ihm, dem Prediger, zuhörten. Aller Gewohnheit entgegen, erfolgte seine baldige Heiligsprechung durch Papst Gregor IX., nämlich am 30. Mai 1232, knapp ein Jahr nach seinem Heimgang.

Patron: für Berg- und Eheleute, Erdbeerverkäufer, Esel, Fayencefabrikanten, Franziskaner, Frauen, Haustiere, Heiratende, Liebhaber, Pferde, Reisende.
Angerufen: für gute Entbindung, Wiederfindung verlorener Sachen, gegen Fieber, teuflische Mächte, Schiffbruch, Unfruchtbarkeit der Frauen.

S·ANTONIUS

PETRUS

Festtage: 29. VI., 18. I., 22. II.

Von kaum einem Heiligen der ersten Stunde wissen wir so viele Einzelheiten, wie vom Apostelfürsten Petrus. Primäre Quelle sind dafür die Schriften des Neuen Testaments. Sie zeichnen ein sehr lebendiges Charakterporträt des ersten Jüngers Jesu; dieses Porträt deckt sich durchaus mit zeitgenössischer Charakteristik für die Galiläer, wie sie der jüdische Geschichtsschreiber Josephus Flavius überliefert. Danach sollen Galiläer begeisterungsfähig, rasch entschlossen, hitzig und kampfeslustig gewesen sein. All diese Eigenschaften finden sich bei Petrus und haben ihm fallweise zu schaffen gemacht. Sie trugen ihm von Christus den Ehrennamen Fels = Petrus ein, verschafften ihm unter den Mitaposteln unumstrittene Führungsrolle, bewahrten ihn aber nicht vor der beschämenden Stunde feigen Verrats. Einfach, ein erfahrener, geschätzter Fischer am See Genezareth und verheiratet – Christus heilt seine Schwiegermutter in Kapharnaum – glaubt er als Nationalist an die jüdische Freiheit und hält sich nicht an die Vorschrift der römischen Besatzungsmacht, die Juden das Waffentragen verbietet. Er will das vermeintliche Scheitern Jesu nicht wahrhaben und wird erst durch die Geistsendung zu Pfingsten dazu befähigt, sich mit seiner ganzen Kraft dem eigentlichen Reich Christi, welches nicht von dieser Welt ist, bis zum Tode zu widmen. Gemeinsam mit Paulus, mit dessen hoher Theologie er immer Mühe hatte, erreicht er das Machtzentrum Rom, um von hier aus dem Christentum zum Siegeszug durch die Welt zu verhelfen. Diesem Sieg geht freilich der Martertod der beiden Apostelfürsten voraus. Unter Kaiser Nero stirbt Paulus im Jahr 67 als römischer Staatsbürger durch das Schwert, der Jude Petrus erleidet zur selben Zeit die schmählichere Kreuzigung, im Unterschied zu seinem Meister jedoch kopfabwärts. Über seinem Grab entstehen die Basiliken Alt- und Neu-St.-Peter als Zentrum der Christenheit. Doch wichtiger noch als diese sichtbaren Machtzeichen der Kirche ist die geistige Kraft des Papsttums als unüberwindlicher Fels in der Brandung der Zeit und unüberhörbar beauftragt, die Brüder zu stärken.

Patron: für Backsteinmacher, Brotverwalter, Brückenbauer, Fischer und Fischhändler, Fischkastenmacher, Flaschner, Gipser, Glaser, Jungfrauen, Maurer, Metzger, Netzmacher, Papierhändler, für die Genossenschaft zur Auffindung der Leichen Schiffbrüchiger, für Schiffer, Schlosser, Schreiner, Seefischhändler, Steinhauer, Töpfer, Tuchweber, Uhrmacher, Walker, Ziegelbrenner.
Angerufen: gegen Besessenheit, Fieber, Fußleiden, Schlangenbiß, Tollwut, Wölfe.

ST·PETRUS

MARGARETHA

Festtag: 20. VII.

Wie bei vielen Heiligen fällt auch für Margaretha das Datum ihres Martyriums in die Zeit um 305 zu Ende der Christenverfolgung durch Kaiser Diokletian (284–305). So umfassend und ungewöhnlich gründlich diese Verfolgung tatsächlich gewesen sein mag, ob man sie nicht vielleicht doch auch als Auffangbecken für eine Menge Legendäres aus den verschiedenen Heiligenviten sehen sollte? Danach ist Margaretha die Prinzessin in der Georgsvita, die heldenmütig vor dem Drachentod errettet wurde, weshalb der Drache auch ihr als Attribut zukommt. Margaretha mit dem Wurm gehört zusammen mit Barbara und deren Turm sowie Katharina mit dem Radl zu den drei heiligen Madln und zu den 14 Nothelfern. Ihr Martyrium ist Frucht der Rache aus verschmähter Liebe. Der heidnisch-römische Präfekt Olybrius verliebte sich in die Perle Margaretha. Von ihr zurückgewiesen, lieferte er sie daraufhin fürchterlichen Qualen aus. Er ersann die Aufhängung am Galgen, das Zerfleischen der Glieder und Brennen durch Fackeln bis hin zur Enthauptung. Über ihrem Märtyrergrab in Antiochien erstand eine ansehnliche Gedächtniskirche. Der Kult dieser Erzmärtyrerin kam über die Kreuzfahrer ins Abendland und erlebte seine Blütezeit im 13. bis zum 16. Jahrhundert. Nach der Reliquientransferierung erstand in Montefiascone vor Bolsena 1519 eine gewaltige Gedächtnisstätte; diese markiert den Höhepunkt abendländischen Margarethenkultes, ebenso Raffaels (1483–1520) Margarethen-Bild zu Wien, um 1520, das die triumphierende Heilige stehend zeigt, noch umwunden vom riesigen, erlegten Drachenwurm, aus dessen aufgerissenem Rachenschlund keine Giftdämpfe mehr zu fürchten sind.

Patronin: für Ammen, Bauern, Frauen in Schwangerschaft, Jungfrauen, für den Nährstand.
Angerufen: gegen Fehlgeburt, Gesichtskrankheiten, Unfruchtbarkeit, Wunden.

ST·MARGARETA

CHRISTOPHORUS

Festtage: 25. VII., 9. V., 10., VI., 28. IV., 14. VII., 3. VIII.

»Christlicher Atlas«, »frommer Herkules« sind nur zwei Beinamen für den heiligen Riesen Christophorus, den auch der moderne und aufgeklärte Mensch unserer Tage noch kennt, vor allem dann, wenn er Autofahrer ist. Kaum ein Heiliger hat solch anhaltende Popularität und Präsenz erlangt, obwohl gerade seine Geschichtlichkeit immer wieder in Zweifel gezogen worden ist. Die letzte Liturgiereform 1969 hat Christophorus aus dem gesamtkirchlichen Fest- und Heiligenkalender gestrichen und duldet nur mehr private oder örtliche Verehrung; dabei soll es über 3 000 Christophorus-Kultorte allein im europäischen Bereich geben. Bei solcher Kultdichte hat diese Beschränkung wenig Angriffsfläche. Schon Martin Luther bezeichnete Christophorus 1529 als ein Ebenbild aller Christen. Die Geschichte des Heiligen will das christliche Leben vor Augen führen. Der Legende nach hörte Christophorus am Strom Rufe und fand ein Kind, das ihn um das Übersetzen ans andere Ufer bat. Auf halbem Weg durch das Wasser begann Christophorus unter der immer schwerer werdenden Last zu keuchen und drohte zu versinken. Darauf hörte er das Kind auf seinen Schultern sagen: »Ich bin Christus, dem du in deiner Arbeit für die Menschen Dienst tust!« Er trug also mit Christus, dem Herrscher des Erdkreises, das gesamte Gewicht der Welt auf seinen Riesenschultern. Den mächtigen Baumstamm, der ihm zur Stütze diente, sollte der Riese nach Durchqueren des Stromes am anderen Ufer einpflanzen. Als Realitätsbeweis dieser Begegnung wurde das dürre Holz am nächsten Morgen zu einem saftigen Baum voller Früchte.

Der Christusträger, dem Bischof Eulalius von Chalzedon zum Gedächtnis seines später erlittenen Martyriums 452 eine Kirche geweiht hat, ist bis heute zum anschaulichen Zeugen für den Christus-Dienst geworden, der immer auch Dienst am Mitmenschen ist. Wo immer wir Menschen tragen oder ertragen, geht es letztlich um unseren Mitbruder, um Christus.

Patron: für Bogenschützen, Brettschneider, Buchbinder, Butterhändler, Christophorusbruderschaften, Färber, schwangere Frauen, Gärtner, Gebirgsreisende, Geflügelhändler, Hutmacher, Kinder, Kornträger, Lastträger, Obstträger, Orangenverkäufer, Briefträger, Schatzgräber, Schiffer, Schiffsablader, Walker, Zimmerleute.

Angerufen: gegen Blitz, Dämonen, Epilepsie, Gewitter, Hagel, Hungersnot, Meeresgefahren, Pest, plötzlichen Tod, unbußfertigen Tod, Wassergefahr, Wunden, Zahnweh.

ANNA

Festtage: 26. VII., 25. VII., 9. IX., 9. XII.

Der Name »Hanna« oder »Chana« bezeichnet »Erbarmen« oder »Gott hat sich erbarmt«. Von diesem göttlichen Erbarmen her ist Annas Leben alleinig bestimmt; sie folgt dabei ihren alttestamentarischen Vorbildern: Hanna, der Mutter des Propheten Samuel (1 Sam 1, 2–20; 2, 1–11), Hanna, der Frau Tobits und Mutter des Tobias, und der verwitweten Prophetin Anna im Tempel zu Jerusalem. Anna und Joachim als Großeltern Jesu sind ohne biblische Erwähnung geblieben, ihr Leben ist um so eindringlicher im außerbiblischen Jakobus-Evangelium tradiert, überwuchert von einer Vielzahl von Legenden und erbaulichen Dichtungen. Im 15. Jahrhundert legen diese Legenden besonderen Wert auf verwandtschaftliche Beziehungen, die in der Zusammenstellung der hl. Sippe gipfeln. Ein Weg dabei führt über »Anna Selbdritt« – die Mutter und Großmutter Anna mit Maria und dem Knaben Jesu auf den Armen – oder auch manchmal über »Anna Selbviert« unter Beiziehung der Mutter Annens namens Emerentiana. Ausgangspunkt für die Überlegungen bezüglich der irdischen Familie Jesu waren seine »Brüder und Schwestern« nach Markus 6, 3. Um die ganze Verwandtschaft unterzubringen, müßte Anna dreimal verheiratet gewesen sein: in erster Ehe mit Joachim, dem sie Maria, die Mutter Jesu, gebar, in zweiter Ehe nach Joachims Tod mit Cleophas, dem Bruder des Josef, dem sie eine weitere Maria gebar, die, mit Alphäus verheiratet, Jakobus den Jüngeren, Josef Barsabas, Simon und Juda auf die Welt brachte, und in einer dritten Ehe mit Salomas, dem sie eine dritte Maria schenkte, die Frau des Zebedäus, aus deren Ehe Jakobus der Ältere und Johannes der Evangelist hervorgingen. Auch die erste Ehe Annas mit Joachim hat wieder ein typologisches Vorbild, nämlich Sara und Abraham. So wie jene noch im hohen Alter den Isaak empfing, wurde Anna und Joachim an der Goldenen Pforte vor dem Tempel in Jerusalem als Gottesgabe das Kind Maria zuteil, um so ihre Schande der Kinderlosigkeit und damit den Ausschluß aus der Messiastradition des jüdischen Volkes aufzuheben.

Patronin: für Ammen, Arbeiterinnen, Bergwerke, Besenbinder, Böttcher, Dienstboten, Drechsler, Eheleute, Eltern, Feuerwehr, Flachshändler, Frauen in Schwangerschaft, Goldschmiede, Hausfrauen, Haushälterinnen, Kinder, Kleidermacher, Krämer, Kunsttischler, Müller, Näherinnen, Schiffer, Seiler, Spitzenmacher, Stallknechte, Stockmacher, Strumpfwirker, Weber.
Angerufen: gegen Armut, schlechte Heuernte, Regen; für Reichtum, Wiederauffinden verlorener Gegenstände.

ST·ANNA

MONIKA

Festtage: 4. V., 27. VIII.

Familiensorgen, wie das Generationenproblem, manche unerträgliche Belastung in der Ehe und das Ausbrechen der Kinder aus der Geborgenheit des elterlichen Wohlwollens, sind sich über Jahrhunderte hinweg gleichgeblieben; auch Monika, die Mutter des hl. Augustinus hat sie schon im 4. Jahrhundert hautnah erlebt und durchgestanden. Dies geht aus den »Bekenntnissen«, der Lebensbeichte ihres Sorgenkindes Augustinus hervor, in denen der Sohn auch seiner Mutter ein schriftliches Denkmal setzt. Als tiefste Stelle ist dabei die Zwiesprache mit ihr im Jahre 387 in Ostia zu sehen (IX. Buch, Kapitel 10–13), unmittelbar vor Monikas Tod auf der Heimreise nach Nordafrika. Mit der ersehnten Taufe ihres Sohnes, die er 387 in der Osternacht im Mailänder Dom durch Bischof Ambrosius empfing, ist ihr Lebensziel erreicht. Ihre Gebete, Sorgen und Tränen waren nicht umsonst gewesen, ihre Liebe für das schwierigste von drei Kindern hatte Erfüllung gefunden. Augustinus glich in vielem seinem Vater Patricius, der Monika alles andere als ein guter Ehemann gewesen war. Neben ihm war sie als treue, aufopfernde und gläubige Gattin beispielhaft. Nach dem Ableben ihres Mannes galt ihre besondere Sorge dem »schwarzen Schaf« der Familie: Augustinus, der es zwar nach außen hin als Rhetor in Karthago und Rom zu Ansehen gebracht hatte, doch mit seiner Lebensgefährtin und dem gemeinsamen Sohn Adeodatus von der Mutter nie aus den Augen gelassen werden durfte. Sie reiste ihm sogar nach Rom nach, wohin er vor ihr geflüchtet war. Augustinus bewahrte ihr gegenüber jedoch immer Respekt, obgleich sie ihm durch ihre Anwesenheit, Tränen und Bitten ein stets mahnender Vorwurf war. Die drängende Obsorge wurde ihr zuletzt vom Sohn liebend verziehen. Augustinus ist nur durch Monika zu dem geworden, was ihn so bedeutsam macht, und noch lange nach ihrem Tod um 387 führt sie ihm bei seinen »Bekenntnissen« unsichtbar die Feder, weil Mutterliebe und -sorge über das Grab hinaus weiterleben. Die Heiligkeit des Sohnes Augustinus ist Frucht des heiligmäßigen Lebens seiner Mutter Monika.

Patronin: für Frauen und Mütter.
Angerufen: um Seelenrettung eines verlorenen Sohnes.

ΛΩ
S·MONIKA

AUGUSTINUS

Festtag: 28. VIII.

Da wäre zunächst einmal die zweifelhafte Lebensführung bis zum Alter von 33 Jahren anzumerken, die Augustinus heute für ein Bischofsamt gänzlich ungeeignet machen würde, besonders vom moralisch-sittlichen Standpunkt her. Doch vom Römerbrief (13, 12–14) des ihm so verwandten Paulus betroffen, erfolgte unvorhergesehen die Kurskorrektur seines Lebens. Den Bewohnern von Hippo, die sicherlich noch vieles mehr wußten, als in den »Bekenntnissen« steht, schien sein Christsein wesentlich überzeugender und glaubwürdiger als seine Vergangenheit gewesen zu sein, so daß sie ihn 396 als Nachfolger des Valerius zu ihrem Bischof erwählten. Noch vor der Einnahme Hippos durch den Vandalenfürsten Geiserich ist Augustinus als »letzter Römer« vor einer neuen Zeitenwende 430 in den himmlischen »Gottesstaat« heimgeholt worden.

Augustinus' Theologie und seine Auseinandersetzung mit den Häresien seiner Zeit sind für die Kirche von so überragender Bedeutung, daß er zu den vier großen abendländischen Kirchenlehrern gezählt wird. Sein sprechendes Attribut ist das brennende Herz. Neben seinen autobiographischen »Bekenntnissen«, die er bis 400 in lebendiger Erinnerung und ungeschminkt niederschrieb, hat vor allem sein »Gottesstaat« weit in unser Jahrtausend hereingewirkt und die Apokalyptik des frühen und hohen Mittelalters tiefgreifend mitgeprägt. Die Summe seiner Theologie zieht er in »De trinitate«, der umfangreichen und auslotenden Abhandlung über die Dreifaltigkeit. Daß er dennoch nur bis zur Peripherie dieses Zentralgeheimnisses Gottes vorzustoßen vermochte, veranschaulicht die Legende mit dem Kind, das vergeblich versucht, die Wasser des Meeres in ein Sandgrüblein auszuschöpfen, so wie auch er, der nordafrikanische Bischof, das göttliche Geheimnis nicht mit seinem Verstand zu ergründen vermag. Obwohl tiefschürfender Theologe, war Augustinus ein Bischof und Hirte mit glühendem, mitfühlendem und verstehendem Herzen. In seinem Amt sind ihm die Unrast, das Suchen, die Irrwege und Fehltritte seiner frühen Jahre, die sensible Emotionalität und sein unbezwingbarer Lebens- und Erlebnishunger wie auch sein Karrierestreben zu neuer Sinnerfüllung und zum einzigartigen Stachel geworden, der immer neue Unruhe seines Herzens entfachte, bis es Ruhe fand in Ihm.

Patron: für Bierbrauer, Buchdrucker, Theologen.
Angerufen: gegen Augenleiden.

S·AUGUSTINUS

HILDEGARD

Festtage: 17. IX., 22. VI.

Im Alter von 8 Jahren trat Hildegard von Bingen (1098–1179) auf dem Disibodenberg ins Kloster ein, wechselte später in das benachbarte Benediktinerinnenkloster auf dem Rupertsberg über und war 1147/50 dessen Äbtissin. Das Leben als Ordensfrau hinter Klostermauern schien vorgezeichnet. Kaum eine Nonne hat jedoch durch ihren Ruf die Enge monastischer Zurückgezogenheit so nachhaltig gesprengt und geradezu europäische Bedeutung erlangt. Nimmt es schon wunder, daß Persönlichkeiten wie Papst Eugen III., Kaiser Friedrich I. Barbarossa, König Heinrich II. von England und der Kreuzzugsprediger St. Bernhard von Clairvaux mit Hildegard in engstem Gedankenaustausch standen, so scheint ihr entschiedenes Auftreten anläßlich ihrer Predigtreisen nach Trier, Bamberg, Köln, Metz, Maulbronn und Zwiefalten schon emanzipatorische Dimensionen anzunehmen. Wenn man sich gar ihre vielen Beinamen vergegenwärtigt, dann zeugen sie sämtlich für das Außergewöhnliche, Überragende und Prägende dieser Ordensfrau: deutsche Prophetin, Mystikerin, Visionärin, Äbtissin, Naturforscherin und Ärztin. Sie umreißen die Vielseitigkeit dieser Klosterfrau, die von Papst Eugen III. beauftragt wurde, ihre eschatologischen Visionen niederzuschreiben. Weitere nachhaltige Werke sind »Scivias - Wisse die Wege«, »Liber vitae meritorum – Buch der Lebensverdienste« und »Liber divinorum operum – Buch von den göttlichen Werken«. Hildegard war alles andere als ein Wunderkind, Latein beherrschte sie notdürftig und hatte nur mittelmäßige Kenntnisse im Lesen und Schreiben. Von unmittelbar praktischer Tätigkeit zeugen ihre heilkundlichen Abhandlungen »Physica« und »Causae et curae«. Sie weisen Hildegard keineswegs als bigotte Ordensfrau aus, die, von der Welt abgeschieden, das Irdische hintansetzt. Sie wurde vielmehr zum Sprachrohr göttlicher Weisheit, die der Visionärin und Mystikerin Herz und Augen öffnete, um das Wesenhafte hinter der sichbaren Welt zu schauen. Von der unendlichen Weisheit Gottes »heimgesucht«, wirkte sie durch ein langes und intensives Ordensleben im Gleichtakt von Ora Et Labora.

Patronin: für Apotheker und Kranke.

S·HILDEGARD

KOSMAS UND DAMIAN

Festtage: 27. IX., 17. X., 1. XI., 1. VII.

Zusammen mit ihren Brüdern Anthimus, Leontius und Euprepius entstammten die beiden Ärzte einem vornehmen Geschlecht in Arabien, gemeinsam erlitten sie auch das Martyrium. Die beiden jüngsten Brüder waren als Mediziner zu solch hohen Ehren gelangt, daß sie ab 530 im frühchristlichen Gottesdienst als Kanonheilige aufscheinen. Ihr Ruhm verbreitete sich gleicherweise bei Christen und Heiden, weil ihre Heilkunst durch göttliche Hilfe äußerst wirksam war. Die Legende weiß von ihrer Heilmethode zu berichten: Wenn sie zu den Patienten gerufen wurden, betraten sie betend das Krankenzimmer, machten über den Leidenden das Kreuzzeichen, erkundigten sich nach den Krankheitssymptomen und übergaben oder verschrieben Medikamente. Die Genesung trat entweder sofort oder ziemlich bald danach ein. Ihre Heilkunst praktizierten sie unentgeltlich, was natürlich den Haß der heidnischen Priester sowie der Berufskollegen nach sich zog. Beim Statthalter Lysias fanden die neidischen Widersacher bald offene Ohren, und 303 zur Zeit der großen diokletianischen Christenverfolgung ereilte die hilfreichen Brüder das Martyrium. Ausführliche Schilderungen desselben finden sich als bevorzugtes Thema auf oberitalienischen Altären der Früh- und Hochgotik zur Zeit Fra Angelicos (1387–1455), meistens Stiftungen von Ärzten oder Hospitälern, besonders aber der Familie Medici in Florenz, die Kosmas und Damian als ihre Patrone verehrten. Eine der Martern des Brüderpaares bestand im Versenken ihrer gefesselten Leiber im Meer, das sie aber unversehrt wieder ans Ufer spülte; sodann ins Feuer geworfen, blieben sie unversengt; an Kreuzen hängend, wurden sie mit Pfeilen beschossen und mit Steinen beworfen, die jedoch abprallten und die Peiniger töteten. Erst das Schwert konnte das Martyrium vollenden. Die Gräber der Gemarterten befanden sich in Cyrus/Syrien. Im 9. Jahrhundert überbrachte Bischof Altfried von Hildesheim ihre Reliquien nach Essen, dessen Stadtpatrone sie blieben. Im Zeitalter der Transplantationen sollte eine ihrer wunderbaren Taten nicht vergessen sein: Sie nahmen einem schlafenden Kranken das zerfressene Bein ab und setzten ihm unter Engelassistenz ein gesundes an, das sie einem eben verstorbenen Mohren abgenommen hatten.

Patrone: für Ammen, Apotheker, Ärzte, Bandagisten, Barbiere, Bruchärzte, Chirurgen, Drogisten, Friseure, Krämer, Physiker, Schacherer, Wachszieher, Zahnärzte, Zuckerbäcker.
Angerufen: gegen Drüsenleiden, Epidemien, Geschwüre.

S • KOSMAS S • DAMIAN

MICHAEL

Festtag: 29. IX.

Den hl. Erzengel Michael nur mit dem Deutschtum in Verbindung zu bringen hieße seine europäische Bedeutung schmälern und seinen ostkirchlichen Ursprung leugnen. Seit dem frühen Mittelalter sind seine Verehrungsstätten auf Bergeshöhen. Die Erscheinungen auf dem Mont-Saint-Michel, Normandie, und auf dem Monte Gargano oder S. Angelo, Apulien, im Jahre 492 sind hierfür herausragende Zeugen. Hinzu kommt St. Michael als Bekrönungsfigur der Engelsburg über dem Tiber in Rom nach der Vision Gregors des Großen anläßlich der endenden Pestepidemie 590. Kaiser Karl der Große erklärte 813 auf dem Reichstag von Mainz den Michaelstag zum Reichsfeiertag, und von da ab prangt das Bild des Erzengels als Drachentöter mit Schwert und Lanze auf den Bannern des Heiligen Römischen Reiches Deutscher Nation. Der biblische Hintergrund für Michaels machtvolle Erscheinung ist die Offenbarung des hl. Johannes (Apk 12, 7–9) mit dem apokalyptischen Sturz Luzifers als Drachen aus dem göttlichen Lichtbereich nach dessen Rebellion gegen Gott. Dem Satan, der alten Schlange, schleuderte Michael sein »Wer ist wie Gott?« entgegen. In die Antike zurück reichen Michaels Wurzeln als Seelenwäger und Seelengeleiter, als verchristlichter Hermes. Er wird so zum Engel des Gerichts und der Gerechtigkeit, der mit seiner Waage in den mittelalterlichen Tympanen stehend dargestellt wird, die gewichtigen ewigen Werte von den zu leicht befundenen diesseitig-nichtigen trennend. Diese richterliche Funktion prädestiniert Michael für eine überragende Plazierung an die Kirchenportale, so wie ihn bereits die Genesis (3, 24) mit seinem flammenden Schwert vor die verschlossene Paradiesespforte stellt und diese für das Geschlecht Adams und Evas nach dem Sündenfall unpassierbar macht. Daß die Zeit der kämpferischen Gegenreformation St. Michael bevorzugt beim Engelsturz darstellt, liegt in der Gleichsetzung der Irrgläubigen und Häretiker mit der Schar der aufrührerischen Engel unter dem Anführer Luzifer.

Patron: für Aicher, Bäcker, Bader, Bleigießer, Böttcher, Drechsler, Fechter, Gestorbene, Gewichtmacher, Glaser, Hutmacher, Käsehändler, Kaufleute, Kirchhöfe, Kornwieger, Krämer, Maler, Oblaten- und Pastetenbäcker, Pergamentfabrikanten, Plafondmacher, Ritter, Scherenschleifer, Schneider, Schwertfeger, Seelen im Fegfeuer, Soldaten, Spezereihändler, Sterbende, Tuchmacher und Tuchscherer, christliche Vereine, Vergolder, Vogelkäfighersteller, Waffelbäcker, Waffenmeister, Wagenfabrikanten, Walker, Zinngießer.
Angerufen: gegen Blitz, Gewitter, plötzlichen Tod.

ST MICHAEL

FRANZISKUS

Festtage: 4. X., 17. IX., 16. IV., 25. V., 16. VII., 2. VIII., 12. XII.

Selten hat ein Heiliger über kirchliche Grenzen hinaus so viel Anerkennung und Sympathie erfahren wie Franz von Assisi. Zum einen findet sein Aussteigen seitens der Jugend volle Anerkennung und Respekt; der »Gammler des 13. Jahrhunderts« (Nigg) hat auch heute noch Vorbildwirkung. Zum anderen erhält gerade in der heutigen Zeit die »grüne Theologie« seines Sonnengesanges schwärmerische Anhängerschaft. Franz hat bis zum 25. Lebensjahr ein verantwortungslos ausschweifendes Leben als »Playboy« geführt, bis der reiche Vater aus der Textilbranche seinen extravaganten Sohn endgültig enterbte. Ohne Familienrückhalt wurde er ganz in die Arme der liebenden Fürsorge Gottes getrieben. Diese Fügung machte Franz frei – entgegen der uneingeschränkten Machtpolitik des Papstes Innozenz III. –, als Beauftragter Gottes das einsturzgefährdete Haus der Kirche wieder aufzubauen. So gründet er mit den zuströmenden Gefährten seinen neuen Armutsorden mit kompromißloser Regel. Neben der radikalen Christusnachfolge in Armut äußert sich franziskanische Frömmigkeit in dankbarer, naiv-kindlicher Zugehörigkeit zur göttlichen Schöpfung mit Schwester Sonne, Bruder Mond, Schwester Quelle, Mutter Erde und dem Bruder Tod. Die ungemein intensive Verbundenheit des Heiligen mit dem Gekreuzigten fand zu Alverna bei Arezzo durch die sichtbare Übertragung der Wundmale Christi ihre Verbildlichung. Franz gilt in der christlichen Glaubensgeschichte als der erste sichere und nachprüfbare Fall einer Auserwählung mit dem Zeichen der Stigmatisation. Als Bruder Tod 1224 den nackt auf der Erde Liegenden heimholte, war er gänzlich zum Leidensmann geworden, zum kranken, fast erblindeten Ordensbruder ohne Führungsanspruch und Heimstatt im Kloster. Sein ungebrochener Mut zur bedingungslosen und ausschließlichen Christusnachfolge ließ und läßt ihn zwar nicht dem Leibe, jedoch dem Herzen nach immer bei den Mitbrüdern sein. Vom Herzen her erfolgte auch seine Kritik an den Fehlentwicklungen der Kirche, die er nur durch das Einbringen seiner selbst in Armut und Leiden zur Erneuerung führen konnte.

Patron: für Flachshändler, Kaufleute, Leinenweber, Posamentierer, Schneider, Tapetenhändler, Tuchweber, Weber.
Angerufen: gegen Armut, Kopfweh, Pest.

ST·FRANZISKUS

URSULA

Festtag: 21. X.

Der historische Kern der Ursula-Legende ist rasch berichtet. Die britische Königstochter Ursula befindet sich mit ihrem Geleit per Schiff auf dem Rückweg von ihrer Pilgerfahrt nach Rom. In Köln wird sie um 453 zur Zeit des Kaisers Marcianus (453–457) von den feindlichen Hunnen durch Pfeile getötet und mit ihr weitere 10 namentlich unbekannte Reisegefährtinnen. Über ihren Gräbern entsteht bald eine Gedächtniskapelle. Die Legende weiß jedoch von einem wesentlich umfangreicheren Gefolge, bestehend aus 11 000 Jungfrauen, zu berichten. Die Annahme eines solch reichen Gefolges wird durch die Ausstattung der »Goldenen Kammer« im südlichen Querhaus von St. Ursula zu Köln unterstützt, die an den Wänden ringsum eine überquellende Ansammlung menschlicher Knochen aufweist. Diese sind jedoch lediglich Reste eines spätantiken Friedhofes vor der Stadt, wenngleich archäologische Untersuchungen an sehr vielen Frauenschädeln deutliche Spuren eines gewaltsamen Todes feststellten. Die Friedhofsbelegung ist bis ins 5. nachchristliche Jahrhundert nachgewiesen. In der Goldenen Kammer befinden sich auch die Überreste des Prinzen Aetherius, dem angeblichen Bräutigam Ursulas. Sein truhenförmiger Reliquienschrein um 1170 kann nicht zur nachträglichen Verifizierung der Legende herangezogen werden, zumal auch das Kölner Stadtwappen mit den Kronen der Heiligen Drei Könige und den elf goldenen Flämmchen alles andere als ein überzeugender Fingerzeig auf das Heer von 11 000 Jungfrauen ist. Vielmehr erbrachte die jüngere Ursula-Forschung das ernüchternde Ergebnis, daß eine solch hohe Zahl nur auf einem Lese- und Auslegungsfehler beruhen könne, wonach der Strich über der römischen Zahl XI in einer Inschrift falsch gedeutet wurde. Er sollte nur die Zahlenangabe hervorheben, wurde aber irrigerweise als Hinweis auf die Zahl 1 000 gewertet und mit elf multipliziert.

Patronin: für Eheleute, Seelen im Fegefeuer, Heiratende, Keuschheit, Kinder, Lehrerinnen, Tuchhändler, Ursulinerinnen.
Angerufen: gegen Tod.

S·URSULA

HUBERTUS

Festtag: 3. XI.

Hubert (655–727) als Bischof von Maastricht und Lüttich ist nur sehr selten in bischöflichen Gewändern dargestellt worden. Die Tradition kennt ihn vielmehr als den heiligen Jäger im abgelegenen Wald, kniend vor einem weißen Hirschen, zwischen dessen Geweihstangen das Kruzifix aufleuchtet. Der Blick des Heiligen ist gebannt auf diese Erscheinung gerichtet, die sein Jagdgefolge nicht wahrzunehmen vermag. Hubertus ist hierbei noch vor seiner Bischofszeit mit der Tätigkeit als Glaubensbote in Südbrabant und den Ardennen dargestellt. Der Legende nach verstarb dem jungvermählten Hubertus – erster Sohn des Herzogs Bertrand von Toulouse – seine Gattin Floribana im Wochenbett. In der ausweglosen Trostlosigkeit über den unersetzlichen Verlust seiner Gattin suchte er den Schmerz im Jagdvergnügen zu ersticken, bis ihn die Verfolgung des weißen Hirschen mit der Kreuzerscheinung zum Bewußtsein brachte, daß nur der Dienst für Gott seinem Leben eine neue Sinnerfüllung geben könne. Als Priester und schließlich Bischof wirkte er besonders der Gepflogenheit adeliger Grundherren entgegen, die leibeigenen Untertanen zu schinden und auszubeuten, wie er dies schon in Jugendjahren hatte vielfach beobachten können. Wie sollte er überzeugend für alle von der Erlöserliebe Jesu sprechen, wenn die Würde der einfachen Christen von den höhergestellten Glaubensgenossen mit Füßen getreten wurde? Die Bittage, ursprünglich von Hubert in seinen Diözesen eingeführt, haben gesamtkirchliche Bedeutung erlangt. Ab dem Markusfesttag bis Christi Himmelfahrt wird in Bitt- und Betprozessionen über Land gezogen, um dem erstandenen Christus die dringenden Anliegen des christlichen Volkes für Seele und Leib zur sicheren Erfüllung an seinen Vater mit ins himmlische Reich zu geben, weil Gottvater seinem Sohn keine Bitte abzuschlagen vermag.

Patron: für Drechsler, Förster, Futteralmacher, Gießer, Hunde, Jäger, Kürschner, Metallarbeiter, Metzger, Optiker, Schellenmacher.
Angerufen: gegen tolle Hunde, Schlangenbiß, Tollwut, Verrücktheit, Wasserscheu.

ST·HUBERTUS

LEONHARD

Festtage: 6. XI., 1. III.

Wallfahrtszentren wie Rom, Santiago de Compostela und Jerusalem sind über Jahrhunderte hinweg bevorzugte Pilgerziele geblieben. Daß auch die Wallfahrt zum hl. Leonhard in Inchenhofen in der Diözese Augsburg ab dem 13. Jahrhundert nicht minder von Bedeutung war, scheint völlig in Vergessenheit geraten zu sein. Die Säkularisation 1803 hat offenbar ganze Arbeit geleistet, ebenso wie im Zisterzienserkloster Fürstenfeld bei Fürstenfeldbruck, das die Seelsorge zu Inchenhofen innehatte. Nur am 6. November, dem Leonharditag, scheinen Pfarrkirche und Ortschaft beim Leonhardiritt nochmals etwas vom alten Pilgerstrom widerzuspiegeln, wenn die langen Reihen von Prozessions- und Umrittwagen an den Leuten vorbeiziehen und ihnen so in lebendigen Figurenbildern die Hl. Schriften in ländlich-barocker Sprache einprägen. Leonhard ist von seiner legendären Biographie aus dem 11. Jahrhundert her das exemplarische Beispiel eines Volks- und Bauernheiligen. Dabei entstammte er einem fränkischen Adelsgeschlecht und erhielt am Hof des Königs Chlodwig I. (481–511) seine Ausbildung als Ritter und Hofbeamter. Die Wahl des geistlichen Berufsstandes wurde durch das Vorbild des Reimser Bischofs Remigius angeregt, der Leonhard schließlich zum Bischof weihte. Vor dem Amt zurückschreckend, übernahm er aber nie eine Diözese, vielmehr zog er sich im heutigen St-Léonard de Noblat bei Limoges in eine Einsiedelei zurück. Von dort aus wirkte er segensreich in der Gefangenenfürsorge. Er bewirkte die Entlassung von Inhaftierten und deren Eingliederung und Resozialisierung durch Agrarausbildung und Ausübung landwirtschaftlicher Tätigkeiten. Wenn ihn die Kunst nicht als Bischof, sondern als Benediktinerabt in schwarzem Habit darstellt, dann überträgt sie benediktinische Spiritualität und Kulturtätigkeit auf diesen Heiligen und vereinnahmt ihn als Ordensmann. Leonhards Hauptattribut sind Ketten. Fallweise wurden sie als sichtbares Zeichen um die Kirchen des wirkmächtigen Nothelfers gespannt. Besonders beliebt bei der Bauernbevölkerung und bei Gefangenen, wird der Heilige in Angelegenheiten von Feld und Vieh, in Nöten wegen Haft und Strafe und bei Fehlurteilen um Hilfe angerufen.

Patron: für Bauern, Böttcher, Butterhändler, Gefangene, Hammerschmiede, Kupferschmiede, Lastträger, Obsthändler, Pferde, Rinder, Schlosser, Schmiede, Stallknechte, Steinkohlengräber, Vieh, Viehzucht, Wasserträger.
Angerufen: gegen schwere Entbindung, Feuersgefahr, Kopfweh, Siechtum, Syphillis.

S·LEONHARD

MARTIN

Festtage: 11. XI., 4. VII., 12. V., 12. X.

Nach seinem heutigen Heiligtum zu schließen – es ist im französischen Zuckerbäckerstil erbaut und in der Stadt Tours am südlichen Ufer der Loire gelegen – könnte St. Martin (316–397) ein Heiliger des vorigen Jahrhunderts gewesen sein. Doch nahebei steht die Ruine der alten Wallfahrtsbasilika aus dem 11. Jahrhundert. Martin, der wahrhaft europäische Heilige, muß um 316 im ungarischen Steinamanger als Sohn eines römischen Offiziers geboren worden sein. Mit dem 15. Lebensjahr folgte er seinem Vater in den Heeresdienst und war im Reiterregiment des christlichen Kaisers Konstantin I. (306–337) in Gallien stationiert. Mit 18 Jahren empfing Martin in Amiens die Taufe. Dort ereignete sich am Stadttor auch jene unvergessene Begegnung mit dem Bettler, wobei der berittene Soldat Martin. seinen Mantel mit dem frierenden Armen teilte, der ihm nachts im Traum in der Gestalt Jesu erschien und angesichts des einen Mantelteiles auf das wesentliche Gebot christlicher Nächstenliebe verwies Der Biograph Sulpicius Severus (363–420) schildert Martins Soldatenleben als außergewöhnlich, spürbar vom christlichen Geist geprägt, was sich besonders in Kameradschaft, Geduld und Demut äußerte. Im Feldzug gegen die Alemannen 356 quittierte Martin bei Worms den Militärdienst und bat Kaiser Julian um Entlassung, weil ihm blutiger Kampf und irdischer Ruhm im Gegensatz zum Ruf in den Heerbann Christi nichtig erschienen. Bischof Hilarius von Poitiers (315–367) wurde ihm Lehrer und Vorbild im christlichen Glauben. Aus Selbstdisziplin lebte Martin mehrere Jahre auf der Insel Gallinaria im Golf von Genua als Einsiedler und gründete 360 bei Poitiers die erste gallische Mönchsgemeinschaft. Seines guten Rufes wegen 371 überraschend zum Bischof von Tours gewählt, wollte sich Martin der Weihe entziehen, doch verrieten Gänse sein Versteck – so der legendäre Hintergrund für das Gans-Attribut des Heiligen und für das mancherorts traditionelle Ganslessen zu Ehren seines Namensfestes.

Patron: für Armeen, Ausrufer, Bettler, Böttcher, Bürstenbinder, für Fayencefabrikanten, Gänse, Gerber, Großhändler, Gürtler, Handschuhmacher, Haustiere, Hirten, Hoteliers, Hufschmiede, Hutmacher, für die Kavallerie, Kinder, Krieger, Müller, Panzerhemdfabrikanten, Pergamentgerber, Pferde, Reisende, Reiter, Säckler, Saffiangerber, Sämischgerber, Schaflederhändler, Schneider, Sergeanten, Soldaten, Sünder, Trinker, Tuchhändler, Waffenschmiede, Weber, Weinhändler, Weinmakler, Weißgerber, Wollweber.
Angerufen: gegen Ausschlag, Blattern, Blatterrose, Eiterblattern, Unfruchtbarkeit des Feldes, Rotlauf, Schlangen, Unwetter.

LEOPOLD

Festtag: 15. XI.

Leopold ist Landespatron von Niederösterreich und steht im Rang eines österreichischen Staatssymbols. Als Gründer des Augustinerchorherrenstiftes Klosterneuburg (1133) ist er aufs engste mit dieser Abtei verbunden, die im alten Baukomplex noch Reste seiner Burg enthält. Sein Herrscherverständnis basierte auf dem Boden des Eigenkirchenrechts, das er mit Besonnenheit und Verantwortung in seelsorglicher Hinsicht praktizierte. So sind seine weiteren Klostergründungen in Klein-Mariazell (1134) als Benediktinerstift und in Heiligenkreuz (1135) als Zisterzienserabtei durchaus in diesem Sinn zu verstehen. Seine Lieblingsstiftung Klosterneuburg wird auf die Legende vom sogenannten Schleierwunder zurückgeführt. Danach hätte ein Windstoß den kostbaren Schleier seiner Gemahlin Agnes, der Tochter des deutschen Kaisers Heinrich IV. (1056–1106), fortgetragen und sei erst nach Jahren, an einem Holunderstrauch hängend, auf der Jagd gefunden worden. An der Stelle der Auffindung sei dann Klosterneuburg entstanden, wo Leopold nach einem Jagdunfall am 15. November 1136 auch seine letzte Ruhe fand. Mit Agnes hatte Leopold 18 Kinder; das fünfte erlangte historische Bedeutung: Bischof Otto von Freising (1112–1158), der zu den bedeutendsten Geschichtsschreibern des deutschen Mittelalters zählt. Zur Verdeutlichung der historischen Situation ist anzumerken, daß in die Regierungszeit von Leopolds Schwiegervater der Höhepunkt des sogenannten Investiturstreits fiel, jenes nahezu 100 Jahre währenden Zwists um die Vormachtstellung von Kirche oder Staat. 1077 erfolgte Heinrichs IV. Bußgang nach Canossa; zwei Jahre vorher wurde Markgraf Leopold III. aus dem Geschlecht der Babenberger in Gars am Kamp geboren. Leopolds Parteinahme für Rom geht sicherlich auf seine Erziehung durch Bischof Altmann von Passau († 1091), den Gründer Göttweigs, zurück, der infolge seiner Papsttreue aus Passau in den Osten seiner Diözese ausweichen mußte.

Wie anders wäre sonst Leopolds bekannte Ausgleichspolitik zwischen Kaiser und Papst zu verstehen, eine Politik, die er erfolgreicher als sein Vater betrieb und die 1122 im Wormser Konkordat ihre Früchte zeitigte. Dabei war Leopold durchaus politischer Realist, was ihn die Kaiserwürde ausschlagen ließ und von der Teilnahme an Kreuzzügen fernhielt. Die schon zu Lebzeiten einsetzende Verehrung durch das Volk fand 1485 in seiner Heiligsprechung kirchliche Anerkennung.

Patron: für Wien und Niederösterreich.

S·LEOPOLD

ELISABETH

Festtag: 19. XI.

Der kurzen Lebenszeit der hl. Elisabeth von Thüringen (1207–1231) steht in erstaunlichem Gegensatz ihre lang dauernde Wirkung als Heilige in der Geschichte des Mittelalters gegenüber, wovon auch der reiche Legendenschatz des Volkes Zeugnis gibt. Die Wanderlegende des Rosenwunders – Elisabeths Gemahl Ludwig findet anstelle der vermuteten Almosen für die Bedürftigen nur einen Korb voll blühender Rosen in den Armen seiner Gattin – ist nur eine von vielen, die ihren unermüdlichen Dienst für die Notleidenden verdeutlicht.

Schon bald hatte sie hinter die Kulissen des adeligen Feudalismus geblickt und erkannt, daß Turniere, Sängerfeste, Gelage und Treibjagden sämtlich auf Kosten der Untertanen gingen. Dies muß ihr eine besondere Hellhörigkeit gegenüber Armen und Ausgebeuteten verliehen haben. Ihre kurze, nur sechs Jahre lang dauernde Ehe mit Ludwig IV., dem Sohn des thüringischen Landgrafen Hermann I., war zwar glücklich, doch bekam die verwitwete Elisabeth mit ihren drei Kindern Hermann, Sophie und Gertrud täglich die demütigende Herablassung ihrer stolzen Verwandtschaft zu spüren. Als sie 1225 in der bitteren Hungersnot für die Darbenden die Kornspeicher öffnen ließ, kam es zum offenen Bruch mit ihren geizigen Angehörigen. Am Karfreitag 1228 legte sie ihr gesamtes Witwenvermögen als Armenspende auf den Altar, nahm das Ordenskleid des Dritten Ordens des hl. Franz von Assisi und wirkte von da ab im Siechenhaus zu Marburg. Dabei hätte sie als Tochter des Königs Andreas II. von Ungarn und seiner Gemahlin Gertrud von Andechs nach dem Tod ihres Gatten, der in Otranto auf dem Kreuzzug unter Kaiser Friedrich II. verstorben war, durchaus die Gelegenheit zu einer zweiten standesgemäßen Heirat gehabt, nämlich mit dem Staufenkaiser Friedrich II. Das farblose Bild der Heiligen im romantischen 19. Jahrhundert – dargestellt in Wartburg, Sängerhalle und Sängerstreit à la Tannhäuser – deckt sich keineswegs mit der temperamentvollen, rassigen Person Elisabeth, die einen leidenschaftlichen Hang zum Reitsport hatte. Ihre radikale Christusnachfolge im Armendienst war in damaliger Zeit von solcher Kühnheit, daß die vormalige Landgräfin bereits vier Jahre nach ihrem Ableben 1235 zur Ehre der Altäre erhoben und als lebendiges Beispiel der Nächstenliebe gewürdigt wurde.

Patronin: für Bäcker, Bettler, für die Barmherzigen Schwestern, für Spitzenmacherinnen, Wohltätigkeitsvereine.
Angerufen: gegen Zahnweh.

ST·ELISABETH

CÄCILIA

Festtage: 22. XI., 24. XI.

Ihr Martyrium ist ein ungewöhnliches, noch dazu nachträglich durch die Archäologie belegt. Im Caldarium ihrer römischen Villa in Trastevere sollte sie mittels siedenden Dämpfen erstickt werden. Da sie jedoch dieses tödliche Dampfbad überlebte, beendeten ihr drei Schwerthiebe in den Nacken das Leben – ein Martyrium, das sich möglicherweise noch unter Marc Aurel (161–180), wahrscheinlich aber erst unter Kaiser Commodus (180–192) zugetragen hat. Tatsächlich legten Ausgrabungen unter der Kirche Santa Cecilia in Trastevere ausgedehnte Heizungsanlagen frei und in der Badekammer auch noch die antiken Bleirohre, durch die der Dampf einströmte. Einen erneuten Aufschwung des Cäcilienkultes löste schließlich die Wiederentdeckung ihres unverwesten Leichnams aus, der, in typischer Seitenlage bestattet, die drei Schwertwunden im Nacken aufwies. Der Bildhauer Stefano Maderna (1566–1636) schuf von der so gefundenen Heiligen eine zeitbeständige Abbildung. Cäcilia gehörte dem römischen Adelsgeschlecht der Meteller an und wurde mit dem Heiden Valerian verheiratet. Gatte und Schwager Tiburtius wurden auf Cäciliens Beispiel hin Christen, erlitten vor ihr das Martyrium und wurden in der Prätextatus-Katakombe an der Via Appia bestattet. In der sicheren Annahme, auch eine Blutzeugin Christi zu werden, bereitete sich Cäcilia durch Verteilung ihres Gesamtvermögens an die Armen auf ihren Tod vor. Ihr Patronat als Schirmherrin der Kirchenmusik ist liturgischen Ursprungs, ohne daß wir auch nur das geringste über ihre Musikalität wüßten. Nebst dem König David wird sie bevorzugt auf den Orgelemporen christlicher Kirchen dargestellt und gilt als Schirmherrin aller Cäcilienvereine, besonders zur Zeit des sogenannten Cäcilianismus, einer romantisierenden Strömung in der Kirchenmusik des ausgehenden 19. Jahrhunderts. Sprechend ist Raffaels Cäciliendarstellung im Kreise weiterer frühchristlicher Heiliger wie Paulus, Evangelist Johannes, Augustinus und Maria Magdalena, heute in der Pinakothek von Bologna. Die Musikinstrumente zu ihren Füßen bilden ein Vanitasstilleben, die Pfeifen ihres Orgelportativs kippen aus ihrer Halterung, um anzuzeigen, wie vergänglich alle irdische Musik ist, die vor der himmlischen und ewigen nur verstummen kann.

Patronin: für Dichter, Geigen- und Instrumentenbauer, Kirchenmusik, Musiker, Orgeln, Sänger.

ST.
CÄCILIA

KATHARINA

Festtag: 25. XI.

Ihre Weisheit und Beredsamkeit waren derart außergewöhnlich, daß ihre Streitgespräche für den Glauben an Christus ein zentrales Kapitel in der Legenda Aurea des Jakobus de Voragine bilden. Kaiser Maxentius (306–312) hatte alle Weisen seiner Länder aufgeboten, um Katharina zu widerlegen, doch die Frucht des intensiven Disputs war schließlich die Bekehrung der Gelehrten und ihr Abfall vom Götzendienst, was ihnen den Feuertod eintrug. Die Jungfrau aber wurde einer Folge von Torturen unterworfen. Sie durchstand die Auspeitschung mittels Skorpionen, wochenlangen Nahrungsentzug, die Räderung, bei der schließlich in einem starken Hagelsturm das Rad barst, bis sie mit dem Schwert enthauptet wurde. Die Jungfrau aus Alexandrien von vornehmer Abstammung wird schon ab dem 5. Jahrhundert nachweislich als Heilige verehrt. Von ihren beiden Lebensbeschreibungen hat die des Simeon Metaphrastes kurz vor der Jahrtausendwende die nachhaltigste Wirkung gehabt. Sie überliefert die legendäre Leichentransferierung durch Engel auf den Mosesberg Sinai, zu dessen Füßen heute das Katharinenkloster liegt. Zum Grab mit den im 8. Jahrhundert beim Berg aufgefundenen Gebeinen pilgerten besonders viele Kreuzfahrer, um die Reliquien zu verehren. Sie erwarben damit das Recht, ein Rad, durch das ein Schwert gesteckt war, als eine Art Ordenszeichen zu tragen. Somit trugen sie wesentlich zur Verbreitung des Katharinenkultes im Abendland bei. Dominikaner und Jesuiten schätzten die Heilige als Schirmherrin der Wissenschaften und Universitäten in bevorzugter Weise. Nicht selten tragen auch heute noch Universitätssiegel ihre Attribute, nämlich Folterrad, Schwert und Buch. Im bäuerlichen Leben ist der Kathreinstag zum Lostag geworden – die Weidezeit hat ihr Ende, die Schafschur beginnt. Am Gedenktag der Märtyrerin war Arbeitsverbot; die kommenden Spinnabende wurden der Heiligen zu Ehren mit dem Kathreintanz eingeleitet, ab dem laut Volksmund die Geigen bis zur Faschingszeit eingesperrt bleiben. Fallweise wechselten die Dienstboten zu Kathrein ihren Arbeitsplatz, denn der nächstmögliche Termin für eine Veränderung war erst wieder zu Maria Lichtmeß.

Patronin: für Ammen, Barbiere, Bibliotheken, Bleigießer, Bogenschützen, Buchdrucker, Ertrunkene, Flachshändler, Gerber, Jungfrauen, Kammwollhändler, Lederarbeiter, Lehrerinnen, für den Lehrberuf, für Mädchen, Müller, Näherinnen, Notare, Philosophen, Rechtsgelehrte, Redner, Scherenschleifer, Schiffer, Schuhmacher, Schulen und Universitäten, Seiler, Spinnerinnen, Studenten, Töpfer, Tuchhändler, Wagner, Wamsmacher, für die Wissenschaften.
Angerufen: gegen Migräne, Zungenkrankheiten.

ST·KATHARINA

ANDREAS

Festtage: 30. XI., 9. V.

Die Orthodoxen verehren im Apostel Andreas noch vor Simon Petrus den »erstberufenen« Jünger. Nicht zuletzt hierin wird das Schisma von Ost und West deutlich. Der Martertod des Heiligen am schrägen oder nach ihm benannten Andreaskreuz ereignete sich 60/62 n. Chr. unter dem Statthalter Aegetas in Griechenland, nämlich in Patras auf dem Peloponnes. Aber schon 356 wurden die Andreas-Reliquien nach Konstantinopel überführt, weiters 1208 während der lateinischen Herrschaft nach Amalfi und 1462 das Haupt des Märtyrers nach Rom, von wo es unter Papst Paul VI. in einer Geste der Versöhnung wieder nach Patras zurückgebracht wurde. Besonders bedauerlich macht den Primatstreit die Tatsache, daß die Hl. Schrift die Jüngerberufung ohne rangbestimmende Reihung oder Bevorzugung einzelner berichtet. Ihr zufolge ist Andreas der jüngere Bruder des Simon Petrus aus dem Fischerdorf Betsaida (Jo 1, 44) am See Tiberias. Mitsammen betrieben sie den väterlichen Fischereibetrieb, und die altchristliche Tradition weiß, daß Andreas unverheiratet bei Petrus in Kapharnaum lebte und dem Wesen nach das Gegenteil des Sanguinikers Simon war. Der Evangelist Johannes hält das tiefgreifende Erlebnis der für ihn und Andreas unvergeßlichen und lebensbestimmenden Herrenbegegnung und Auserwählung in die Schar der Zwölf (1, 37–39) in Worten berührender Schlichtheit fest, wie sie da zu zweit um die 10. Stunde Jesus nachgingen und dieser fragte: »Was wollt ihr?« Und wie der Meister ihrem fast hilflos-schüchternen »Rabbi, wo wohnst du?« sein »Kommt und seht!« anbot, jene aufmunternde Einladung, den Rest des Tages bei ihm zu bleiben. Letztlich ist es ein Ausharren bei Christus bis zur Hingabe ihres Lebens im Martyrium geworden. Das Wirken des Apostels Andreas im Dienst des Evangeliums wird von altkirchlichen Schriftstellern für die Gebiete Pontus, Bithynien, Skythien, für die Landstriche am Balkan und in Thrakien, vor allem aber in Griechenland mit Achaia und Epirus vermerkt. In Parallele zur Kreuzigung seines Bruders Petrus in Rom erlitt auch Andreas den Kreuzestod, wenngleich in anderer Weise – in seinem Fall durch die Bekehrung der Statthaltersgattin Maximilla ausgelöst, die auf seine Fürbitte hin eine wunderbare Heilung erfahren hatte. Seine letzte, vom Marterholz aus gehaltene Predigt verstummte erst nach zwei Tagen und löste eine ungeahnte Bekehrungswelle bei den umstehenden Massen aus.

Patron: für Fischer, Fischhändler, alte Jungfrauen, Metzger, Seiler, für das Goldene Vlies, für Wasserträger.
Angerufen: gegen Gicht, Halsweh, Krämpfe, Unfruchtbarkeit in der Ehe.

IHS
ST.
ANDREAS

BARBARA

Festtage: 4. XII., 16. XII.

Viele Heilige des frühen Christentums weisen eine reiche, die kargen historischen Daten verbrämende Legendentradition auf, was die Vielfalt ihrer Patronate zeitigt und ihre Beliebtheit bezeugt. Solches trifft insbesondere bei der römischen Märtyrerin Barbara aus Kleinasien zu. Sie wird Opfer der letzten großen Christenverfolgung unter Kaiser Maximinus Daja († 313), vom eigenen heidnischen Vater eingekerkert und enthauptet. Dieses Geschehen gibt eine Vorstellung von den Auseinandersetzungen und inneren Zwistigkeiten der Familien im Frühchristentum, als Verwandte gemäß der Schrift (Mt 10, 21) mit äußerstem Fanatismus gegeneinander Partei ergriffen. Die Legenden berichten, daß der vornehme, in die Tochter vernarrte Vater Dioskorus Barbara in einen Turm sperren ließ, um sie dem Christentum abspenstig zu machen und sie gleichzeitig vor den Blicken diverser Freier zu verbergen. Der erste Versuch, die Standhafte zu enthaupten, soll dadurch mißlungen sein, daß ein sich öffnender Berg Barbara den Blicken ihres Vaters entzogen hat. Des weiteren wird von verschiedenen grausamen Martern berichtet. Die vielen Patronate Barbaras leiten sich deutlich von ihrer legendären Vita her: beispielsweise das der Maurer vom Fensterbau im Turm, jenes der Bergleute vom Sich-Öffnen des Berges und der Kelch mit der Hostie als Symbol für die Bewahrung vor einem plötzlichen und unbußfertigen Tod. Die bis ins Mittelalter zurückreichende Gepflogenheit, am Barbaratag Zweige zu schneiden und einzuwässern, soll auf die Züchtigung der Jungfrau mit Ruten zurückgehen. Daß sich bei diesem Brauch auch viel Heidnisches und Abergläubisches angesiedelt hat, zeigen die Deutungen der blühenden Zweige am Weihnachtstag. Nach der Fülle der Blüten wird das kommende Jahr mehr oder minder glückbringend eingeschätzt, und die Mädchen orakeln über ihre künftigen Heiratschancen.

Patronin: für Architekten, Arsenale, für die Artillerie, für Bauarbeiter, Bergleute, Büchsenmacher, Bürstenbinder, Dachdecker, Ehefrauen, Feldschlangenmacher, Festungswerke, für die Feuerwehr, für Feuerwerker, Gefangene, Gießer, Glöckner, Goldschmiede, Hutmacher, Hüttenarbeiter, Kanoniere, Köche, Kürschner, Lederarbeiter, Mädchen, Maurer, Metzger, Raketenmacher, Ritter, Salpetersieder, Schmiede, Seeleute, Spritzenleute, Steinhauer, Sterbende, Totengräber, Tuchhändler, Waffenschmiede, Weber, für den Wehrstand, für Weißzeughändlerinnen, Zeughäuser, Zimmerleute.
Angerufen: gegen Blitz, Feuersbrunst, Fieber, Gewitter, Lebensgefahr, Not, Pest, Tod ohne Beichte, plötzlichen Tod, Unbußfertigkeit.

19 81
ST·BARBARA

NIKOLAUS

Festtage: 6. XII., 9. V.

Das Motto von der unauffälligen Hilfe (Mt 6, 3–4) ließe sich über das Leben des hl. Nikolaus setzen, der bis in unsere Tage Kinder und Arme beschert. Leider hat man aus ihm zur Steigerung des Umsatzes den Weihnachtsmann gemacht, im Ostblock ist aus ihm »Väterchen Frost« geworden. Weil historische Quellen eher spärlich fließen, muß offengelassen werden, ob er schon zu Anfang des 4. Jahrhunderts Bischof im kleinasiatischen Myra oder erst im 6. Jahrhundert Bischof von Pinara gewesen ist. Traditionellerweise wird heute die ältere Datierung mit Myra bevorzugt. Nach Zerstörung seines Grabes durch die Mohammedaner vor dem 8. Jahrhundert und dem später erfolgten Reliquienraub setzt der Nikolauskult im Abendland verstärkt ein. Papst Urban weihte 1089 die Nikolausbasilika von Bari, in deren Krypta die entführten Gebeine ruhen. St. Nikolaus werden je nach Landschaft und Brauchtum verschiedene Attribute gegeben. Die Südländer bevorzugen die Darstellung des Heiligen als Patron der Seeleute, wie er sich der Schiffe und ihrer Besatzung helfend annimmt. Im französischen Sprachgebiet finden sich neben der verehrten Gestalt drei Knaben im Bottich, um das Nikolauswunder anzudeuten, wonach er die Kinder, die von einem Wirt für seine Gäste eingepökelt worden waren, wieder ins Leben brachte. Im süddeutsch-österreichischen Raum dominiert die Gepflogenheit, den Bischof mit drei Goldbrokken abzubilden, die er den drei Töchtern eines mittellosen Vaters heimlich als Heiratshilfe zukommen ließ. Bald wurden die drei Goldklumpen auf dem Buch der Hl. Schrift in drei Äpfel umgedeutet, um damit den Kinderfreund Nikolaus zu apostrophieren, der als himmlischer Pädagoge zu seinem Festtag persönlich zu den Menschen kommt, um die Guten zu belohnen, die Bösen aber auf die rechte Bahn zu bringen.

Patron: für Advokaten, Aicher, Apotheker, Auslader, Bäcker, Bandwirker, Bierbrauer, Böttcher, Bürger, Chorknaben, Diebe, Dieler, Fährleute, Fischer, Fischhändler, Flößer, Gefangene, Geistliche, Heirat, Kaufleute, Kinder, Knaben, Knopfmacher, Kohlenträger, Kornhändler, Kornmesser, Krämer, Leinenweber, Leinwandhändler, Lichterfabrikanten, Mädchen, Matrosen, Metzger, Müller, Notare, Packer, Parfümeriehändler, Pilger, Rechenlehrer, Reisende, Samenhändler, Schiffer, Schiffholzhändler, Schreiber, Schreiblehrer, Schüler, Seeleute, Spezereihändler, Spitzenhändlerinnen, Spritzenleute, Steinbrucharbeiter, Tuchmacher, Verliebte, Wachszieher, Weber, Weinhändler.
Angerufen: gegen Verlust des Eigentums, Feuersbrunst, Gewitter, Höllengefahren, Rheuma, Unfruchtbarkeit in der Ehe, irrige Urteile, Wassergefahren.

ST.
NIKOLAUS

STEPHANUS

Festtage: 26. XII., 3. VIII.

Er gehört als Erzmärtyrer zu den Heiligen der ersten Stunde. Sein Gedenktag folgt direkt dem friedvoll-freudigen Weihnachtsfest und macht ernüchternd deutlich, daß Christusnachfolge in letzter Konsequenz Blutzeugenschaft bedeutet. Über den Diakon Stephanus haben wir erfreulicherweise authentische Nachrichten. Sie finden sich in der Apostelgeschichte der Hl. Schrift, festgehalten vom Zeitgenossen Lukas. Der Evangelist zeichnet darin ein sehr sprechendes Bild vom ersten der sieben Diakone, die den Aposteln in caritativen Belangen der Urgemeinde unterstützend zur Hand gingen. Dabei fällt gerade bei Stephanus auf, daß er theologisch überaus versiert war, denn das Aufgebot an Gegnern »vermochte der Weisheit und dem Geiste, der aus ihm sprach, nicht standzuhalten« (Apg 6, 10) und zudem »wirkte er große Wunder und Zeichen unter dem Volke« (Apg 6, 8); das konnte nur einer vollbringen, der »ein Mann voll des Glaubens und des Heiligen Geistes« war (Apg 6, 5). Das folgende Kapitel 7 ist das Glanzstück einer antiken Verteidigungsrede aus der Glaubenslehre der Urgemeinde von Jerusalem heraus. Klarheit und zwingende Kraft seiner Aussagen hätten konsequenterweise nur Zustimmung einbringen müssen, doch der Pöbel reagierte aus blindem Fanatismus und mangels überzeugender Gegenargumente mit der Lynchjustiz einer übereilten Steinigung. Dabei legten die Zeugen dieser Steinigung vor der nach dem Ölberg hin gerichteten Stadtmauer Jerusalems ihre Kleider zu Füßen eines jungen Mannes nieder, der den Namen Saulus führte (Apg 7, 57–58). Der Diakon Stephanus geht bis auf den heutigen Tag in exemplarischer Weise allen jenen Menschen voran, deren caritativer, selbstloser Dienst Ablehnung und Verachtung erfährt oder die beim Totaleinsatz blutiger Verfolgung, ja vielleicht sogar der Austilgung anheimfallen. Die Posaunenengel über dem Haupt des unter dem Steinhagel zusammenbrechenden Märtyrers verweisen auf seine Vision des geöffneten Himmels mit dem Sohn Gottes zur Rechten des Vaters thronend. Diesem Sohn hat der Vater das Endgericht übergeben, das immer gegenwärtig bleibt. Gottes Urteil wird in dem Maß ausfallen, wie wir uns für den Nächsten eingesetzt haben. Jesus selbst ist das Vorbild, nach dem sich wahrer Diakonsdienst ausrichtet.

Patron: für Böttcher, Kutscher, Maurer, Pferde, Schleuderer, Schneider, Steinhauer, Tiere, Vieh, Weber, Zimmerleute.
Angerufen: gegen Kopfweh, Roßkrankheiten, Seitenstechen, Steinleiden, Tod.

ST · STEPHANUS

JOHANNES EVANGELIST

Festtage: 27. XII., 6. V., 26. VIII., 26. IX., 8. V., 11. V., 30. XII.

Durch die Darstellung der »Johannesminne« – mit dem ruhenden Johannes an der Brust Jesu und durch das Selbstzeugnis des »Lieblingsjüngers« Jesu (Jo 13, 23) verleitet, sind wir versucht, im Evangelisten einen weiblich wirkenden, jugendlichen Apostel zu sehen. Die Evangelien zeigen jedoch einen gänzlich anderen Johannes; besonders auffällig ist dies bei Markus (3, 17), der ihm und seinem Bruder Jakobus den Beinamen »Donnersöhne« gibt. Sie zählten sowohl auf dem Berg Tabor als auch am Ölberg zu den Auserwählten des Herrn. Von den Zebedäussöhnen wird weiters berichtet, daß sie den Meister um Ehrenplätze in seiner Herrlichkeit gebeten haben (Mk 10, 37), was die anderen zehn mit Entrüstung quittierten. Wir dürfen in Johannes eindeutig einen Realisten sehen, der bei der Gefolgschaft entschieden auch für sich »den Kelch und die Taufe Jesu« (10, 38) mit einbezog; nur so ist zu verstehen, daß Johannes im Garten Getsemane nach dem Judaskuß bis zuletzt ausharrte, daß er beim Prozeß Jesu mit dabei war und die ungeheure innere Kraft aufbrachte, mit der Mutter Jesu unter dem Todeskreuz zu stehen. Ihm war es schließlich auch vergönnt, bis ins hohe Lebensalter in den jungen Christengemeinden die Früchte des Evangeliums zu erleben und seine theologischen Reflexionen darüber in das letzte Evangelium mit einzubringen. Die Texte gehen nahtlos in die apokalyptisch-eschatologische Offenbarung über, bei deren Niederschrift Johannes, unter Kaiser Domitian (81–96) auf die Insel Patmos verbannt, unter göttlichem Diktatzwang steht. Seine Schreckensvisionen übertreffen jede andere apokalyptische Literatur der Zeit und initiieren bis zur Gegenwart Weltuntergangsbilder. Die Legende läßt Johannes zwar vor der Porta Latina zu Rom in siedendem Öl gemartert werden, doch geht er daraus verjüngt hervor. In der Folge wird im Hinblick auf Johannes 21, 23 versucht, den Heimgang des Apostels durch die Erzählung seiner Selbstbestattung zu erklären. Das Grab des Evangelisten wird in den Ruinen der Johannesbasilika in Ephesos verehrt.

Patron: für Bilderhändler, Bildhauer, Böttcher, Buchbinder, Buchdrucker, Buchhändler, Copisten, Flaschner, Glaser, Graveure, Kerzenfabrikanten, Kistenmacher, Koffermacher, Korbmacher, Lampenmacher, Lichterzieher, Lithographen, Maler, Notare, Notenlinierer, Ölmüller, Papierhersteller, Pappenmacher, Pergamentfabrikanten, Sattler, Schreiber, Schriftgießer, Schriftsteller, Spiegelmacher, Weingärtner.
Angerufen: gegen Brandwunden, Unfruchtbarkeit, Hagel.

A Ω
ST • IOHANNES

Marlene Reidel
wurde in Landshut geboren. Sie studierte an der Akademie der Bildenden Künste in München. Ihre malerischen und grafischen Arbeiten umfassen Illustrationen für Kinderbücher, Bilderbücher, Märchenillustrationen, Bühnenbilder, Arbeiten für das Bayerische Fernsehen sowie freie Arbeiten in vielen verschiedenen Techniken und mit einem engen Verhältnis zu echtem bäuerlichem Volkstum. Die Bilder der Namenspatrone, kolorierte Linolschnitte, entstanden im Laufe der Zeit zu gegebenen Anlässen, bis sie sich schließlich zu einem repräsentativen Zyklus zusammenfügten.

P. Gregor Martin Lechner OSB
Jahrgang 1940, geboren in Neumarkt-St. Veit/ Oberbayern, Benediktinermönch in Stift Göttweig/Niederösterreich. Kustos der stiftlichen Kunstsammlungen, Handschriften- und Inkunabelsammlung und des Graphischen Kabinetts. Lektor für Ikonographie an den kunsthistorischen Instituten der Universitäten Wien und Graz, Religionsprofessor. Studium der Philosophie und Theologie in Freising; Europäische Kunstgeschichte, byzantinische und klassische Archäologie und Volkskunde in München; Dr. phil. 1971. Zahlreiche Kunstausstellungen, über 100 Publikationen auf dem Gebiet europäischer Graphik und Ikonographie. Österreich-Redakteur der »Studien und Mitteilungen des Benediktinerordens und seiner Zweige«.